D1537299

	1	2	3	3 3	2 6	1 8	3 6 1	2 2 4	2 3 1	3
3 1										
6										
4 1 1 1										
3										
3 1 1										
3 1 1										
5 1 1										
5 1 1										
5 1 1										
2 1 2										

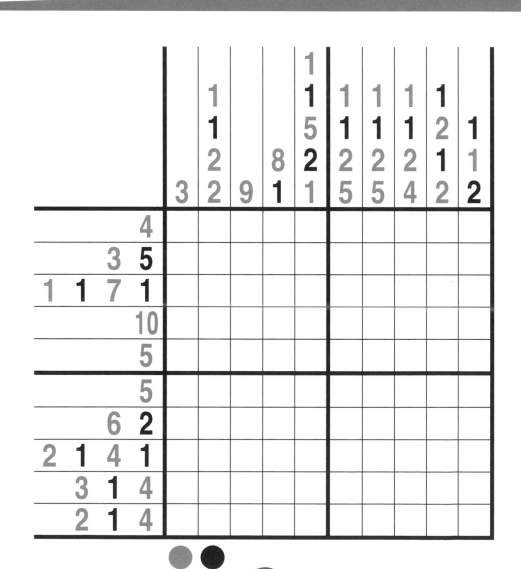

(3)

		4	6	8	8	1 5 1	2 2 3	2 4	3	1
	5									
2	3									
5	1									
	5									
5	1									
6	1									
5	1									
5	1									
1 3	1									
3	1									

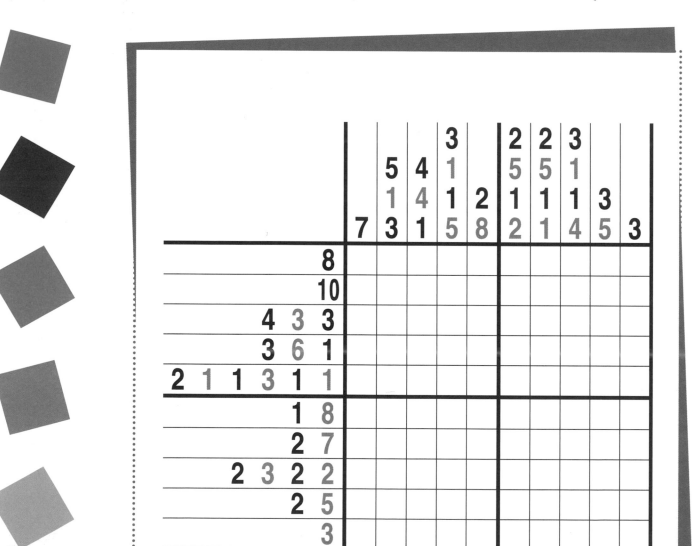

Column clues (left to right):
- 1 1
- 2 1
- 3 1 2
- 1 3 1 1
- 3 2 2 1
- 4 2 2 1
- 1 1 6 1
- 2 4
- 2 2
- 2

Row clues (top to bottom):
- 3
- 3 1 3
- 2 1 3
- 1 2
- 4 3
- 6 3
- 3 4
- 7
- 1 1
- 2 2

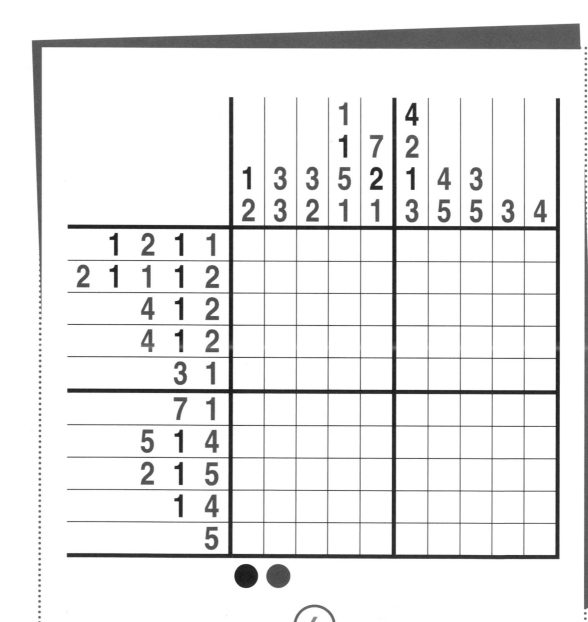

Column clues:

Col 1	Col 2	Col 3	Col 4	Col 5	Col 6	Col 7	Col 8	Col 9	Col 10
	1	1	2	1	1			2	1
	1	4	4	3	1	3	5	2	1
2	2	1	2	1	2	1	1	2	3

Row clues:

	Clues
Row 1	3
Row 2	2 2
Row 3	4 4
Row 4	1 1 6
Row 5	5 4
Row 6	3 2
Row 7	2
Row 8	1 1
Row 9	1 2
Row 10	6

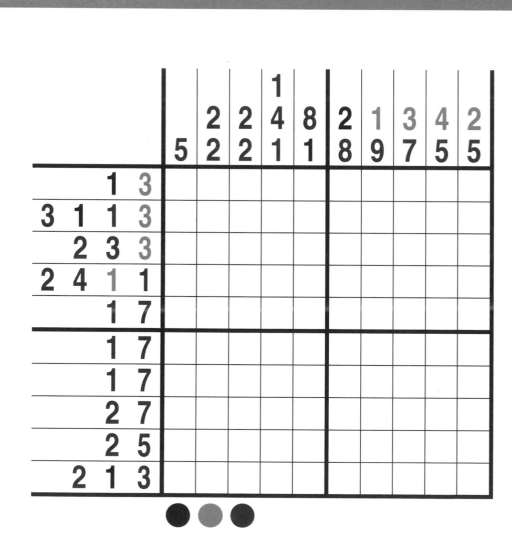

Column clues

Col 1	Col 2	Col 3	Col 4	Col 5	Col 6	Col 7	Col 8	Col 9	Col 10
	2		1	1		1			1
	1	3	3	1		3	2	2	1
	2	5	5	3		1	1	5	3
4	1	1	1	2		4	3	1	2	4

Row clues

	2	1	3	
2	1	1	3	
	2	1	1	
1	1	2	1	
3	1	1	2	1
1	3	1	2	1
1	3	1	3	1
5	1	2	2	
4	2	1	2	
			4	

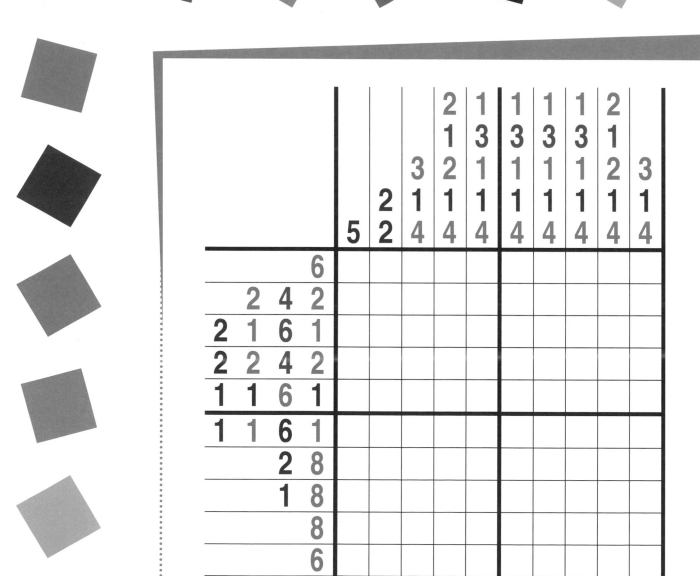

Column clues:

		2	2	2		2	2	1	
		1	2	1		1	2	1	
		2	3	4	7	3	3	3	
		1	1	2	2	2	1	1	
6	8	3	2	1	1	1	2	2	6

Row clues:

				6
				8
2	3	1	3	1
2	1	2	1	2
				10
				10
2	1	5	1	1
	3	5		2
	3	3		2
				6

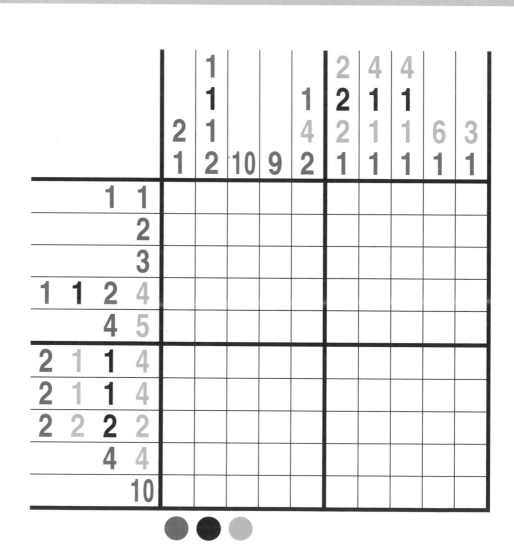

13

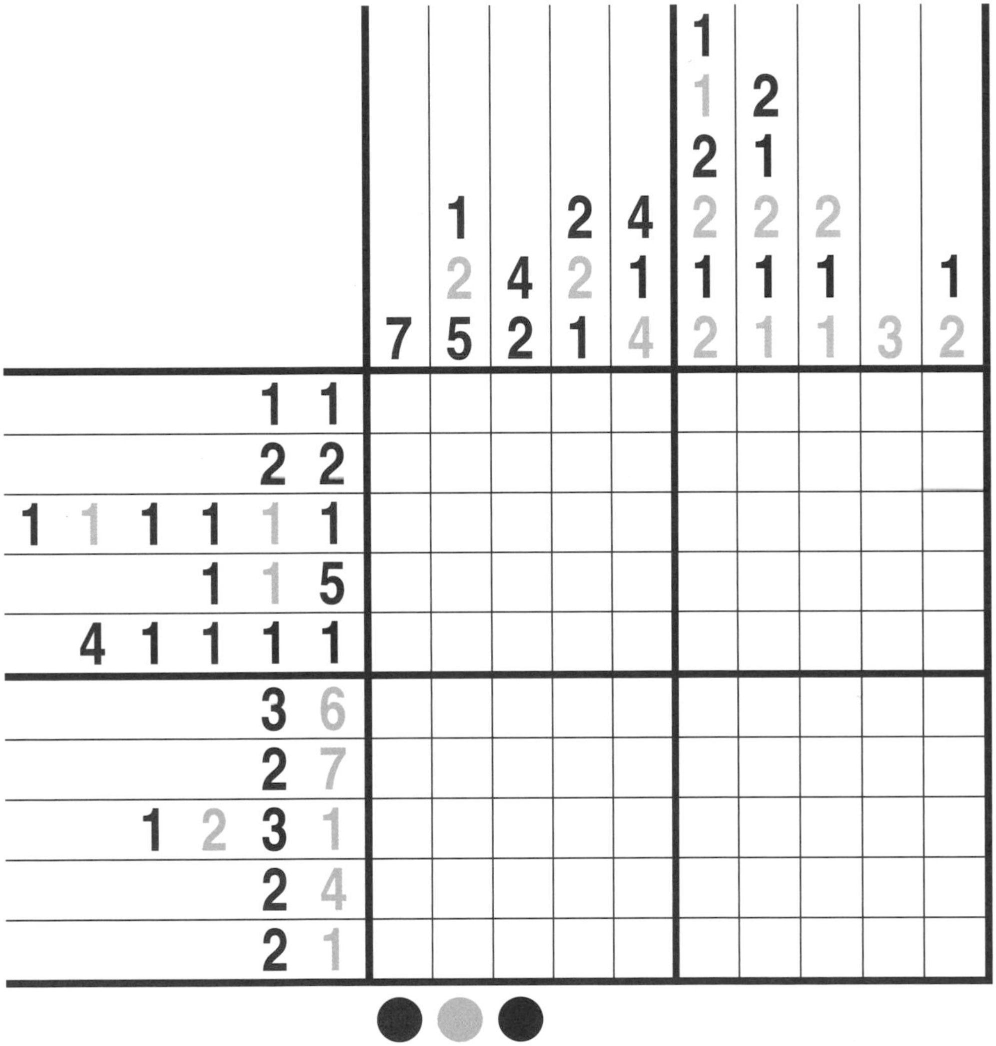

7
1 2 5
4 2
2 2 1
4 1 4
1 1 2 2 1 2
2 1 2 1 1
2 1 1
3
1 2
1 1
2 2
1 1 1 1 1 1
1 1 5
4 1 1 1 1
3 6
2 7
1 2 3 1
2 4
2 1

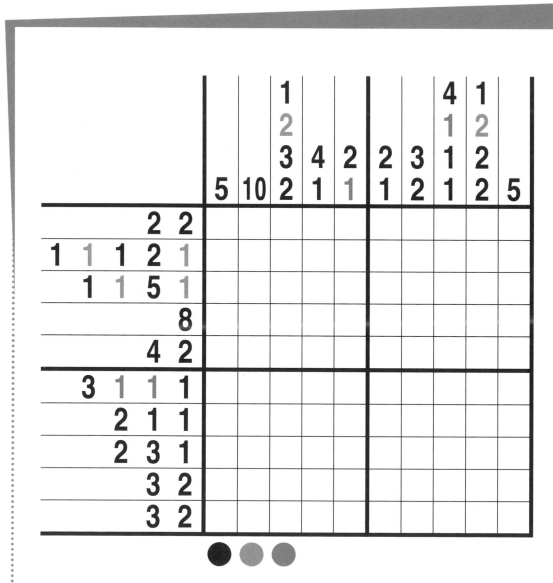

Column clues (left to right, top to bottom):

1. 5 4
2. 6 2
3. 6 1
4. 6
5. 3
6. 6
7. 3 1 2
8. 2 3
9. 2 2 3 1
10. 2 2 3 3 1
11. 3 1 3 4 1
12. 2 2 1 1 3 2
13. 1 2 3 2 2
14. 3 2 2 2
15. 2 2 1

Row clues (top to bottom):

1. 3 2
2. 3 3
3. 2 1 2 1
4. 3 2 2
5. 2 2 2
6. 1 3 2
7. 1 2 2 2
8. 2 2
9. 3 1
10. 4 2
11. 4 1 3
12. 1 3 1 5
13. 1 5 1 5
14. 2 9 3
15. 3 5 7

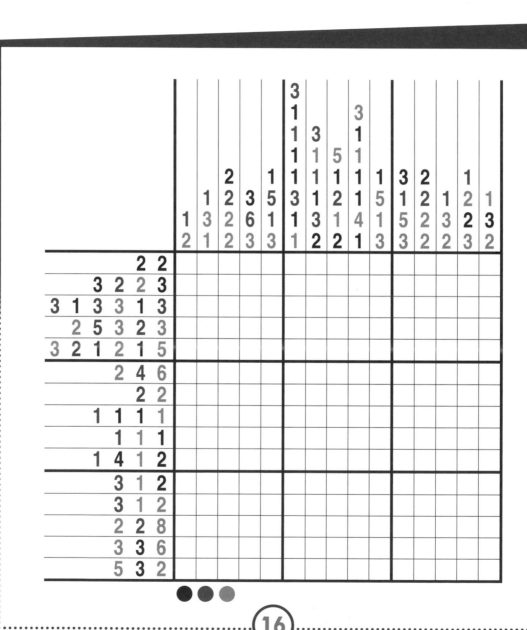

17

Column clues (left to right, top to bottom):

1. 2 1 1 3
2. 2 6
3. 3 1 8
4. 2 3 3
5. 1 1 1 1 3 2
6. 1 1 2 3 2
7. 2 2 2 1 1 3
8. 3 5 1 3
9. 4 3 1 6
10. 1 1 5 2 1 3
11. 3 5 4 1 1
12. 1 1 5 4 1 1
13. 7 2 1 2
14. 8 3
15. 7

Row clues (top to bottom):

1. 6 1
2. 4 3 1 3
3. 1 1 3 3 3
4. 1 10
5. 1 1 3 7
6. 1 5 6
7. 3 2 6
8. 5 2 6
9. 5 2 1 4 2
10. 3 2 6
11. 3 1 1 2 1 1
12. 3 6
13. 4 4 2 1
14. 11
15. 7

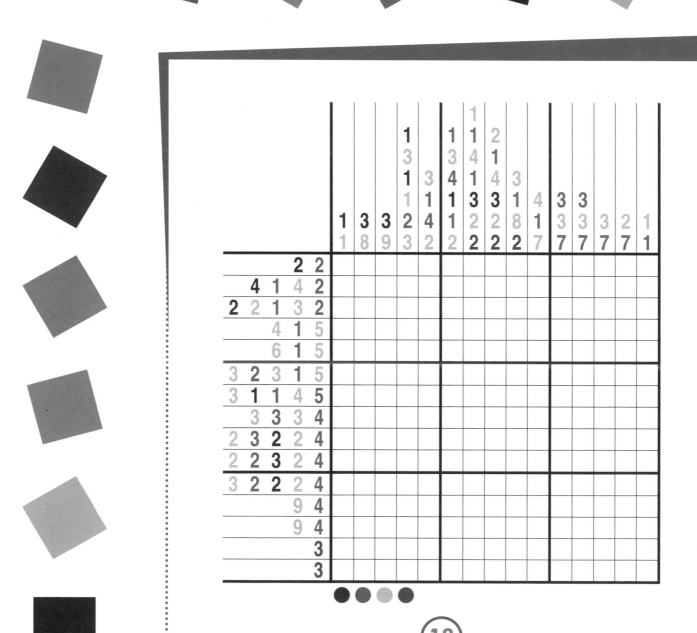

Column clues (left to right):

| 5 | 1 3 1 3 | 2 8 | 3 4 1 4 | 4 6 1 2 | 2 4 9 | 3 1 2 1 8 | 2 1 6 1 4 | 4 10 | 5 8 | 3 3 1 5 | 1 8 1 1 | 9 | 4 1 2 | 4 |

Row clues (top to bottom):

- 2
- 3 3 4
- 5 2 3 2
- 2 8 3
- 4 2 2 2 5
- 5 1 3 1 5
- 1 1 4 1 8
- 10 1 2 1 1
- 3 1 10
- 13
- 5 1 3 1 1
- 1 1 7
- 8
- 6
- 4

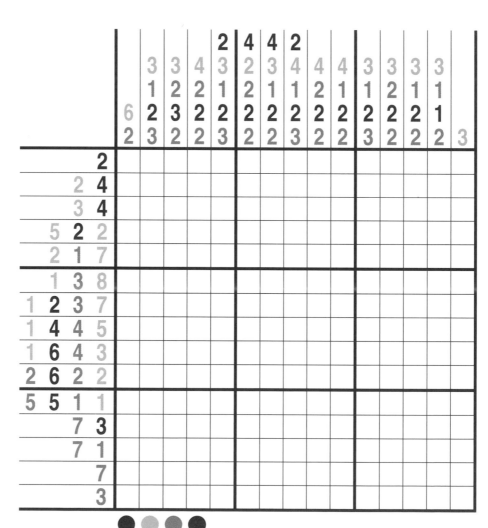

21

Column clues (left to right, read top to bottom):

Column	Clues
1	2 2 2
2	2 2 1 3
3	1 4
4	1 2
5	1 1 3
6	2 1 3 1 3
7	3 1 2 3 4
8	2 2 1 9
9	3 2 4 6
10	2 4 3 4
11	2 4 3 2
12	2 1 1 2 2
13	1 1 1 2 2
14	1 1 1 2 1
15	1 2 2

Row clues (top to bottom):

Row	Clues
1	2 4
2	2 9
3	3 5
4	2 4 4
5	2 1 7 1
6	2 4 5
7	1 1 1 3 2
8	4 3 1
9	2 3 3
10	1 1 4 3
11	2 2
12	2 6
13	1 8
14	8 2
15	2 4 2

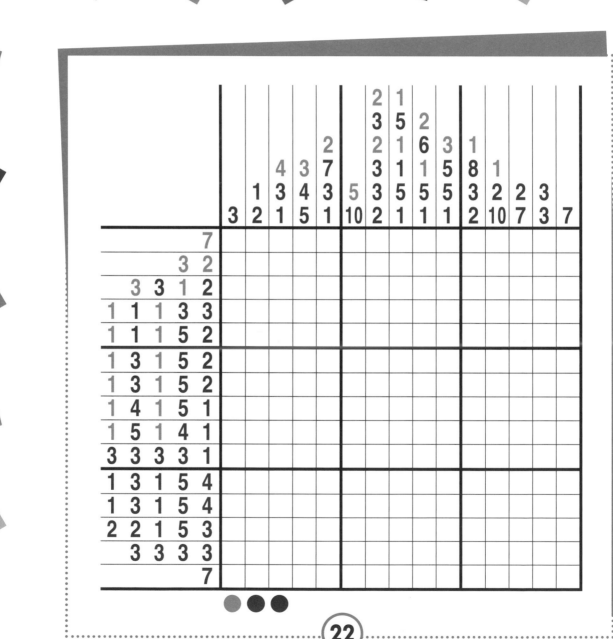

Column clues (left to right):

1. 4 5
2. 1 7 3
3. 1 3 2 5
4. 4 2 1 7
5. 4 2 1 7
6. 5 1 4 1 2
7. 7 2 2 1 2
8. 6 3 1 1 2
9. 6 2 2 1 2
10. 4 1 4 1 2
11. 4 2 1 7
12. 4 2 1 7
13. 1 3 2 5
14. 1 7 3
15. 4 5

Row clues (top to bottom):

1. 5 4
2. 1 4 3 1
3. 1 11 1
4. 15
5. 3 5 3
6. 1 2 3 2 1
7. 1 2 3 2 1
8. 15
9. 3 3 3 3 3
10. 2 4 3 4 2
11. 1 6 1 6 1
12. 1 13 1
13. 4 5 4
14. 11
15. 9

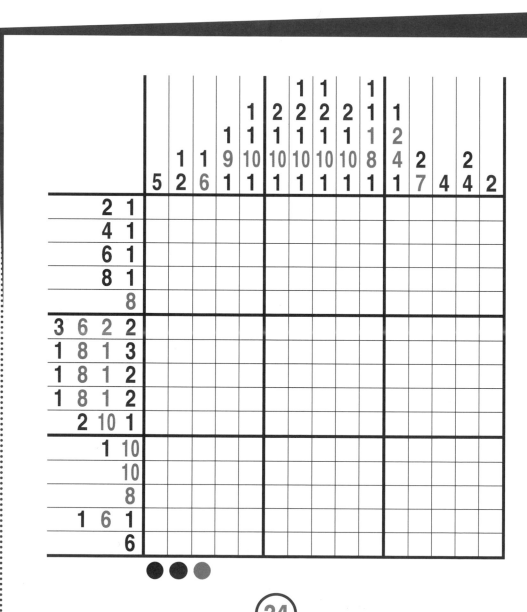

Column clues (left to right):

| 1 2 | 1 2 1 | 1 2 2 2 | 1 3 3 1 | 2 4 3 1 | 1 6 3 1 | 14 1 | 9 3 1 | 8 3 | 7 3 1 | 4 3 1 | 1 3 2 | 1 3 1 | 1 1 2 | 2 |

Row clues (top to bottom):

- 2 1 1 1 1
- 3 1 2 1
- 1 3
- 1 1 3
- 1 1 4
- 2 1 4
- 3 1 4
- 4 1 4
- 5 1 3
- 1 2
- 2 1 2
- 12
- 10
- 3 8 4
- 1 6 3 2

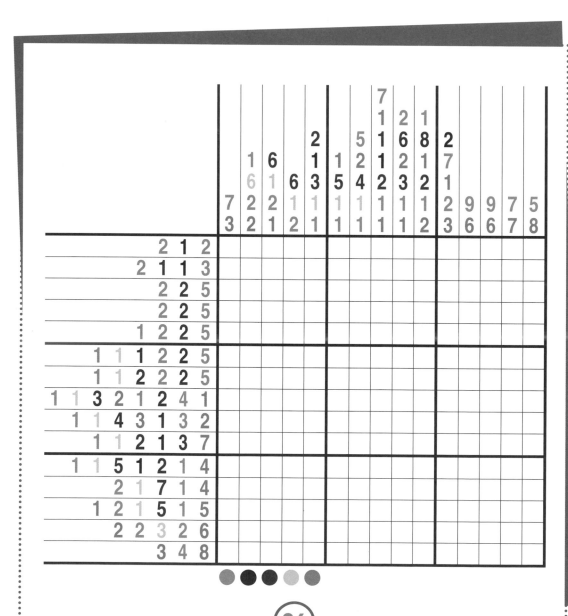

	5 3 1	4 2 4 2	4 2 7 1	4 1 2 5	4 3 2 6	4 8 1 2	4 3 3 1 2	4 1 2 2 5	4 1 8 1	4 1 6 2	5 3 1	3	3	3	2
7															
9															
14															
15															
2 2 3 2 6															
1 2 6 1 1															
1 1 8 1															
3 1 1 1 3															
3 1 1 1 3															
11															
9															
8															
3 2 2															
1 5 1															
3 3 3															

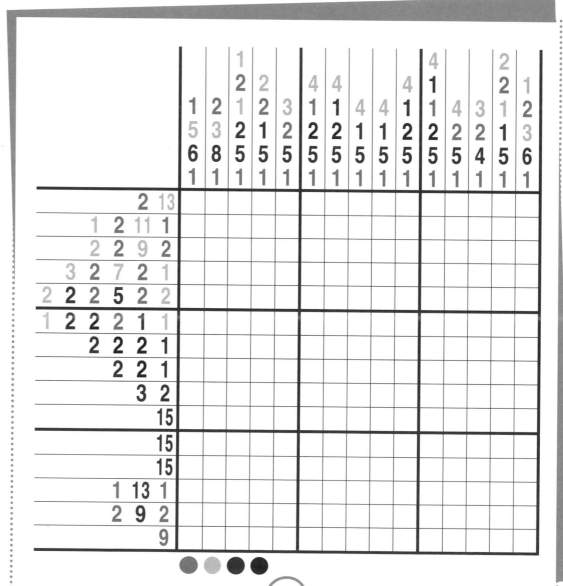

		3 4	1 2 3 2	2 2 7	3 9	4 3 1 6	5 9 1	1 3 10	13 1	1 3 10	5 4 1 4 1	4 10	3 2 1 6	2 2 7	1 2 3 2	2 4
	2 2 2 2															
1 2 1 2 1																
	9															
	9															
	13															
3 4 1 4 3																
1 5 1 5 1																
1 6 1 3 1 2																
3 1 2 1 6																
6 1 1 1 4																
2 5 1 5 2																
2 5 1 5 2																
1 5 1 5 1																
1 4 1 4 1																
1 1 3 1 1																

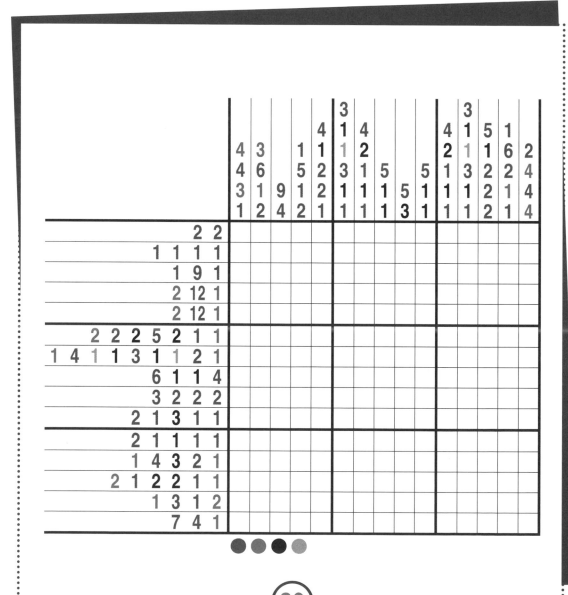

Column clues (left to right):
- 5 4 5
- 5 3 3
- 4 3 4 3
- 4 4 6 3
- 4 4 8 2
- 4 3 5 3
- 3 5 4
- 3 4 3
- 3 6 3 1
- 1 1 1 8 3 2
- 1 1 1 8 3 3
- 1 15 3
- 2 5 6 3
- 3 3 2 4 4
- 4 1 2 3
- 4 2 4 2 3
- 5 6 4
- 6 4 2 3
- 2 1 1 1 4
- 6 6

Row clues (top to bottom):
- 20
- 9 3 8
- 11 2 5 1
- 6 3 6
- 2 3 2 1
- 3 7 3
- 5 5 2
- 6 5 2 3
- 2 9 2 2
- 1 7 3
- 1 15
- 4 9
- 5 7
- 4 3
- 4 3 1 1 1
- 1 3 3 1 1 1
- 1 2 1 3 1 1 2
- 4 1 3 2 10
- 8 1 11
- 20

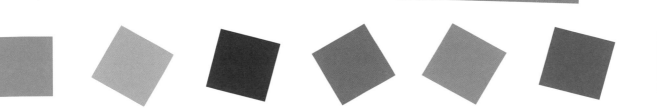

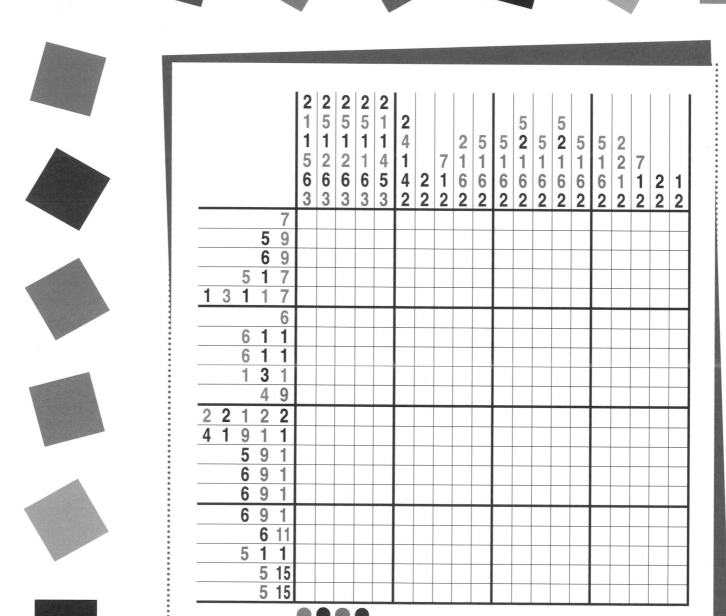

Nonogram puzzle 33

Row clues (top to bottom):

- 2 3 1
- 2 2 4 1 1
- 4 4 1 1
- 5 4 1 1
- 5 1 4 1 1
- 4 2 3 3 2
- 2 3 9
- 4 1 9
- 4 5 2 1
- 6 4 1 1
- 6 1 1 1 1
- 3 2 6
- 12
- 6 1 2 1 1
- 5 4
- 2 2 2 3
- 4 2 4 4
- 5 3 1 2 2
- 6 2 3 2
- 7 1 1 4

Column clues (left to right, top to bottom):

- 1 1
- 1 1 3 3
- 1 4 1 3 1
- 1 3 2 2 1 2
- 1 4 1 2 1 4
- 4 2 1 3 6
- 2 15
- 3 11 4
- 5 6 1 3 2 3
- 6 5 1 4 3 1
- 5 2 4 2 3
- 3 2 3 1 1
- 5 1 2 1 1 1
- 4 10 1
- 4 2 1 4 4
- 5 1 1 2 1 1
- 2 1 1 2
- 1 1 1
- 1 1 1
- 1 1 1

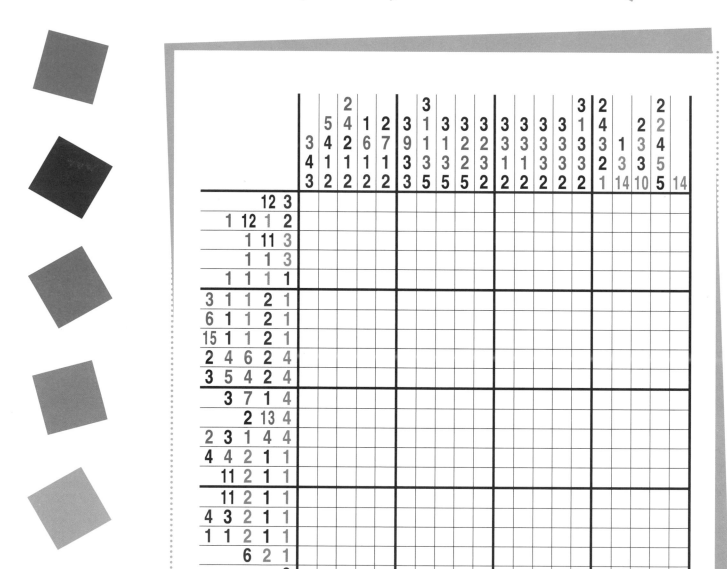

A color nonogram (griddler) puzzle grid with the following clues:

Row clues (top to bottom):
- 2 2
- 1 1
- 1 1
- 1 1
- 4 1 4
- 2 1 2 6 2
- 6 6 1
- 6 6
- 4 6 2
- 4 2 5 1
- 6 5 2 1
- 7 9
- 7 3 5 1 1
- 6 4 5 3
- 1 4 5 6 1
- 2 1 3 6 3 2 2
- 4 1 1 1 6 4 2 1
- 3 2 1 1 1 5 1 1 1 2 2
- 6 1 3 1 3 1 2 1 2
- 5 2 2 2 2 2 5

Column clues (left to right):
- 3 4
- 1 4 1 4
- 4 1 4 6 4
- 1 4 4 2 1 2
- 1 6 8 2
- 5 4 7 3 1
- 11
- 5 2 3
- 2 5
- 6 1
- 6 2
- 2 6 2
- 4 4 2
- 6 7 2 1
- 6 10
- 6 7 3
- 7 4 1 2 2
- 6 1 1 2 2 1
- 1 1 1 2 2 4
- 2 2 1 2 2 3

				4											4				3
	3			1											2	3			1
	1	3	3	3								5	4	4	1	1	4		1
3	3	3	4	1	5		6	7				1	2	1	1	1	1	3	2
2	2	2	1	2	5	5	2	4	8	8	8	3	2	2	7	1	3	5	5
2	2	3	2	3	3	8	5	1	4	4	5	5	6	7	1	7	7	6	1
7	3	3	4	1	2	3	4	5	5	5	4	4	3	2	1	2	1	1	1

1
3
8
12
1 13
2 12
13 1 1
11 2 1 1
11 7
2 2 1 1 1 9 2
1 6 2 6 5
8 10 2
2 1 5 12
5 3 12
2 7 11
1 4 1 2 3 9
1 2 3 1 6 7
6 8 5 1
5 10 2 1
4 12 2 1

Nonogram puzzle 37

Row clues (top to bottom):

	Clues
1	3 1 1
2	1 1 2 2 2
3	5 1 6 1
4	5 1 6 1
5	3 1 8 1
6	4 2 8 2
7	7 8 3
8	7 8 3
9	6 8 3
10	6 8 2
11	4 8 2
12	4 8 2
13	5 6 3
14	1 2 3
15	2 2 3
16	2 2 1 2
17	1 1 2 1
18	4 1 3 1 6 2 2 1
19	3 2 2 2 5 2 2 2
20	3 2 2 2 5 2 2 2

Column clues (left to right):

Col	Clues
1	2 3
2	4 3
3	1 1 6 3
4	10 1 2
5	9 6
6	11 3
7	7 3
8	11 1 2
9	16
10	12 1 3
11	1 2 9 3
12	2 9 3
13	2 9 3
14	2 9 3
15	2 9 1 2
16	1 2 9 4
17	12 6 2
18	11 3
19	11 1 2
20	3 5

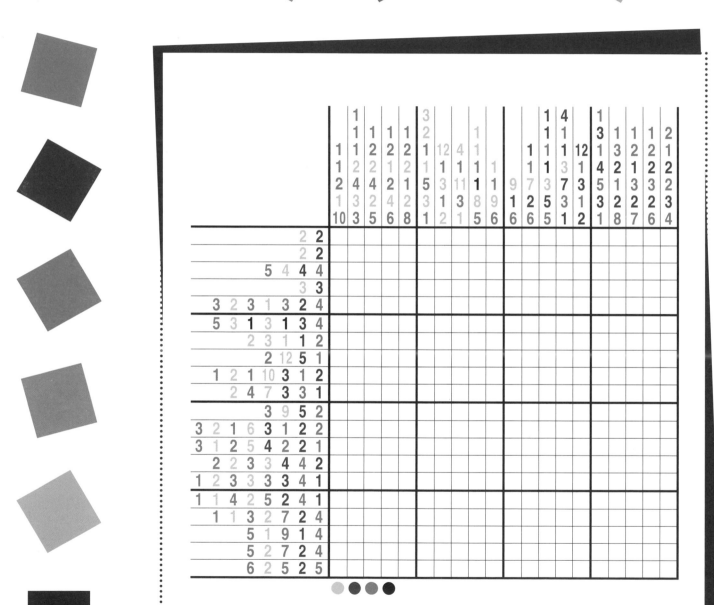

39

Column clues (top to bottom, left to right):

Column	Clues
1	9 3 1 1
2	11 2 1 1
3	7 3 4 3 1
4	7 5 3 3 1
5	7 5 4 2 1
6	9 4 4 1 1
7	3 2 5 4
8	3 1 3 2 3
9	3 4 4 3
10	10 4 3
11	3 4 2 3
12	3 1 4 3 3
13	3 5 3 3
14	9 1 3
15	4 3 3
16	4 1 3
17	5 2 4
18	2 2 2 4
19	2 1 3 4
20	4 3

Row clues (left to right, top to bottom):

Row	Clues
1	7
2	10
3	12
4	4 1 2
5	4 1 1
6	5 1 1 1 1
7	6 3 2 2
8	20
9	3 2 12 2 1
10	2 5 10 1 2
11	2 5 3 9
12	2 5 5 2 3
13	3 7 2 1 1
14	6 4 4 1
15	20
16	1 19
17	4 16
18	6 1 3
19	2 3 1
20	2 3

Column clues (left to right, top to bottom):

Column	Clues
1	3 2
2	5 4
3	2 7 6
4	3 7 7
5	5 4 5 3
6	2 1 4 6 2 1
7	2 1 12 1
8	2 1 12
9	1 3 2 12
10	1 4 2 13
11	2 3 1 5 7 2
12	2 1 6 10
13	2 2 3 6 3 2
14	1 1 1 9 2
15	1 1 6 2 3
16	7 2 1
17	9 1
18	4 3 2
19	5 2 1
20	4 1

Row clues (top to bottom):

Row	Clues
1	4 5
2	7 5
3	3 3
4	3 1 3 2
5	2 2 3 3
6	5 2 1
7	6 2 3
8	6 1 2 4
9	6 8
10	3 6 3
11	2 5 6
12	5 8
13	1 5 9
14	1 1 5 9
15	2 1 5 9
16	2 1 5 2 1 1 1 2 1 2
17	3 1 5 2 1 1 1 2 1 2
18	4 1 4 2 1 2 1 1 2 1
19	5 1 5 2 1 1 1 2 1 1
20	6 1 4 2 1 2 1 2 1

Nonogram — Puzzle 41

Column clues (left to right):

Col	Clues (top→bottom)
1	4 7
2	3 7
3	1 2 6
4	4 5
5	3 1 3 1
6	3 2 4 1
7	2 2 6
8	7 6
9	10 5
10	3 2 1 3
11	3 1 2 2 1
12	3 3 2 1
13	3 1 2 1 1
14	3 4 2 3
15	10 1 5
16	6 6
17	4 6
18	1 3 4 1
19	4 3 3 1
20	5 7

Row clues (top to bottom):

Row	Clues
1	5
2	7
3	7
4	1 1
5	1 1 1 1
6	2 3 2
7	2 3 2
8	2 1 2
9	3 3 1
10	1 4 3 2
11	2 2 2 3 3
12	3 3 1 3 2
13	2 3 2 3 2
14	2 2 3 1 1 2
15	3 1 1 2 1 2 2
16	5 4 1 4 2
17	4 5 1 1 5 1
18	4 6 2 6 1
19	4 6 3 6 1
20	6 4 3 4 3

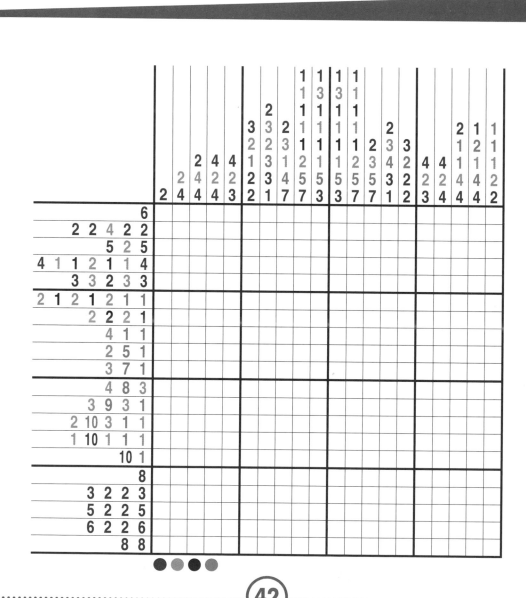

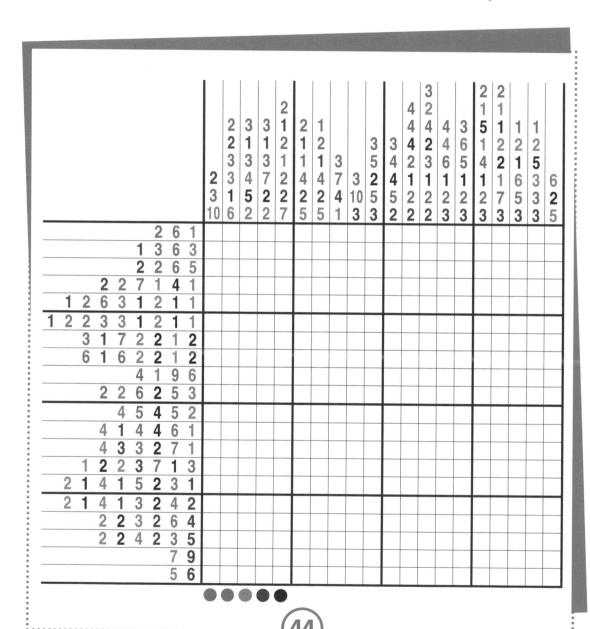

Column	Clues
1	3 7
2	7 5
3	3 9
4	2 6 6
5	2 4 8
6	1 9 1 5
7	5 3 2 1 1 3
8	2 3 2 1 1 2
9	1 3 2 1 1
10	1 3 2 1 1
11	1 2 2 4 1 2
12	1 1 1 2 2 4 2
13	1 4 2 4 1 2
14	2 1 1 2 2 4 2
15	2 2 2 4 1 2
16	3 4 2 2
17	7 2 1 1 3
18	4 2 1 1 3
19	3 2 1 1 3
20	2 2 1 1 2

Row	Clues
1	10
2	2 2 2
3	2 1 3 2
4	1 1 1 1 1 1 1 1
5	2 2 5 2
6	1 1 3 1
7	2 1 5 1
8	4 1 5 2
9	19
10	20
11	1 19
12	2 4 4 6 4
13	2 2 1 1 4 4
14	2 1 8 1 1 4
15	2 1 2
16	2 3 6
17	1 3 14
18	5 5
19	5 5
20	3 3

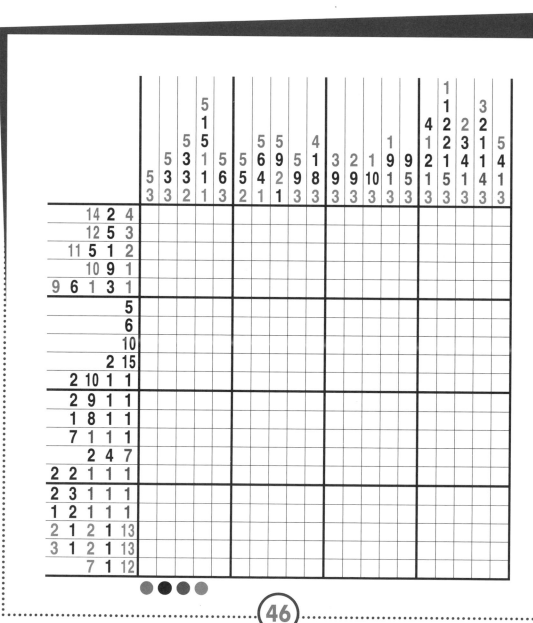

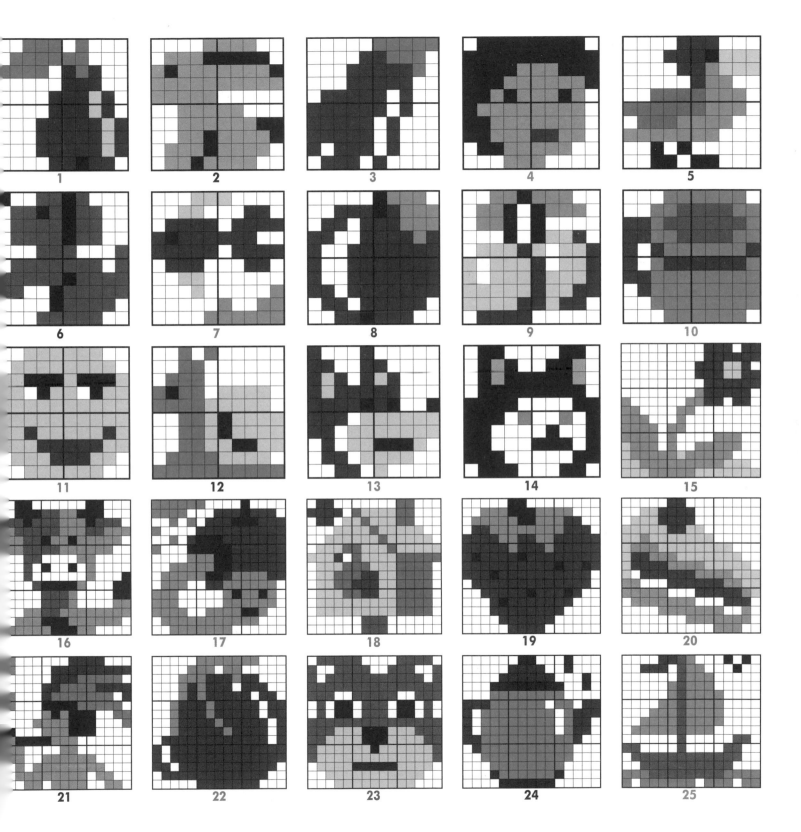

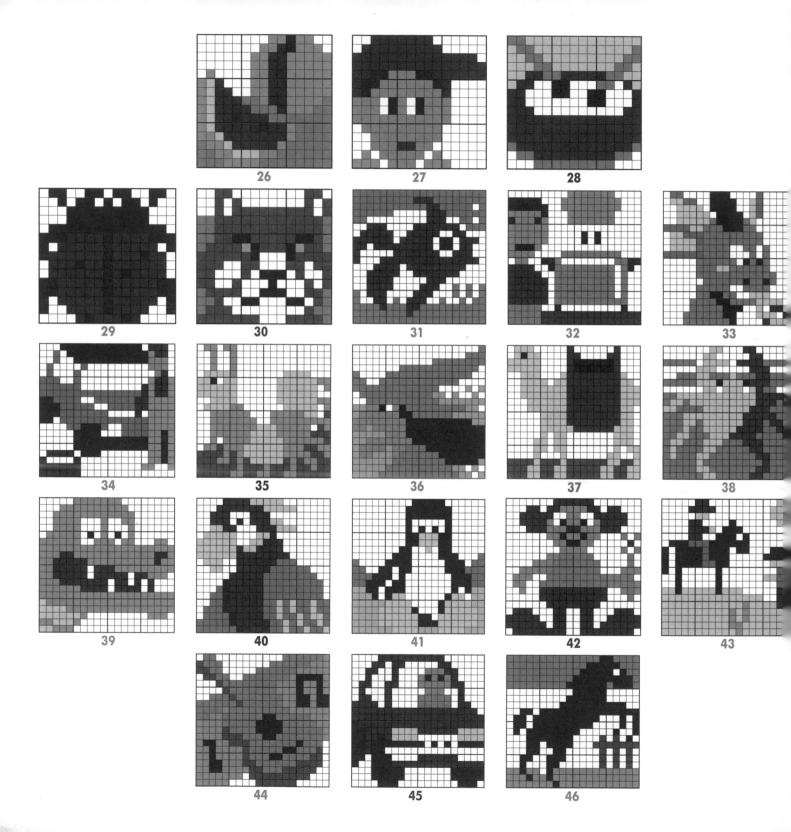